Impressum
Verlag: BABADADA GmbH, Nedderfeld 112 , 22529 Hamburg
Geschäftsführer / Verlagsleitung: Harald Hof
Druck: Books on Demand GmbH, In de Tarpen 42, 22848 Norderstedt

Imprint
Publisher: BABADADA GmbH, Nedderfeld 112 , 22529 Hamburg, Germany
Managing Director / Publishing direction: Harald Hof
Print: Books on Demand GmbH, In de Tarpen 42, 22848 Norderstedt, Germany

xue xiao

школа

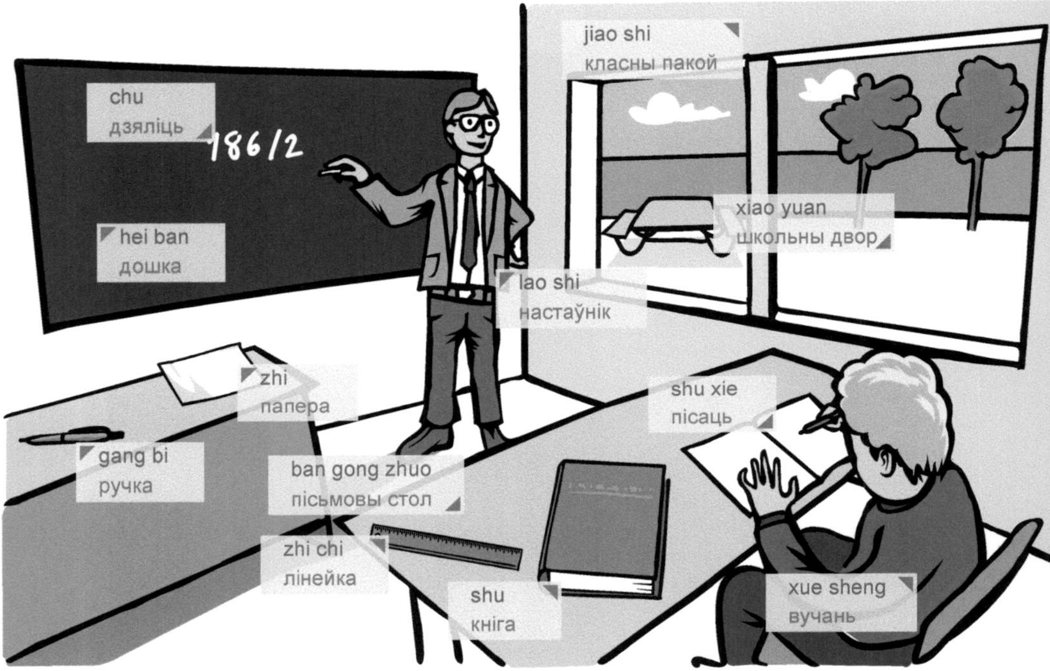

jiao shi
класны пакой
chu
дзяліць
186/2
hei ban
дошка
xiao yuan
школьны двор
lao shi
настаўнік
zhi
папера
shu xie
пісаць
gang bi
ручка
ban gong zhuo
пісьмовы стол
zhi chi
лінейка
shu
кніга
xue sheng
вучань

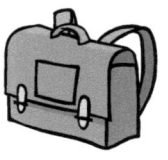

shu bao

ранец

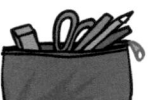

qian bi he

пенал

qian bi

просты аловак

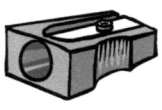

juan bi dao

тачылка для алоўкаў

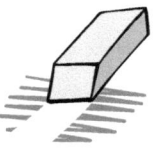

xiang pi ca

гумка

hua ban

альбом для малявання

tu hua

малюнак

hua bi

пэндзлік

yan liao he

фарбы

jian dao

нажніцы

jiao shui

клей

lian xi ce

сшытак

jia ting zuo ye

хатняе заданне

shu zi

лік

jia

дадаваць

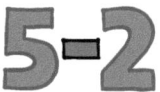

jian

адымаць

cheng

множыць

ji suan

лічыць

zi mu

літара

zi mu biao

алфавіт

zi

слова

ke wen

тэкст

du

чытаць

fen bi

крэйда

shang ke

ўрок

deng ji

класны журнал

kao shi

экзамен

zheng shu

атэстат

xiao fu

школьная форма

jiao yu

адукацыя

bai ke quan shu

энцыклапедыя

da xue

універсітэт

xian wei jing

мікраскоп

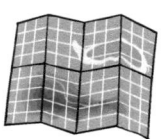

di tu

карта

fei zhi kuang

смеццевы кошык

lü xing

падарожжа

jiu dian
гатэль
Grand
qing nian lü xing she
хостэл
ROOMS
wai bi dui huan chu
абменны пункт
EXCHANGE
shou ti xiang
чамадан
qi che
аўтамабіль

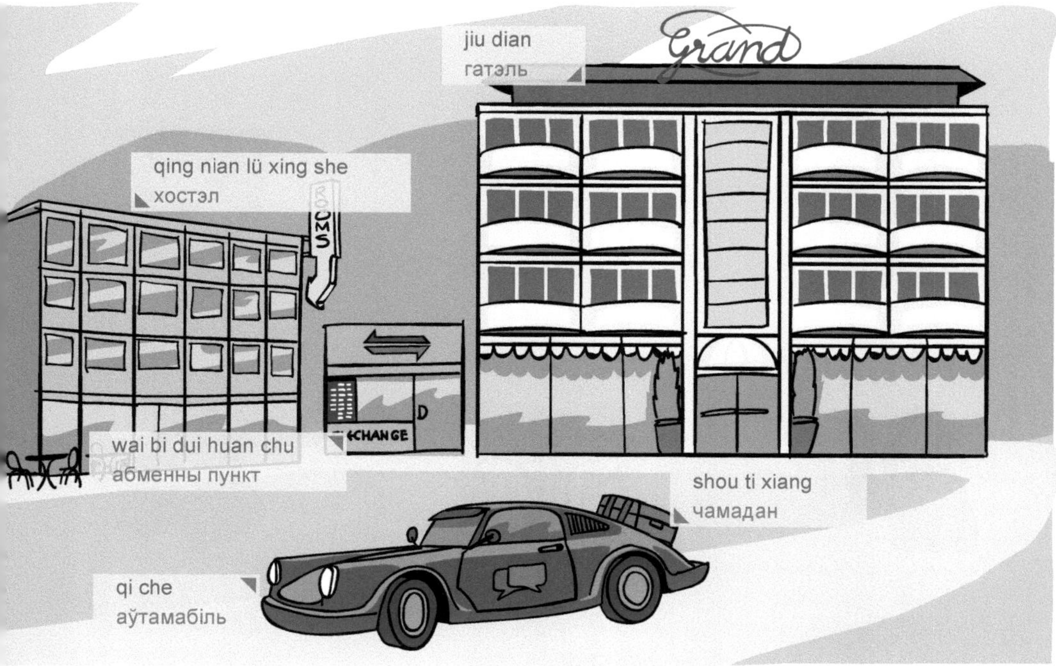

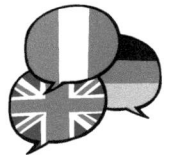

yu yan

мова

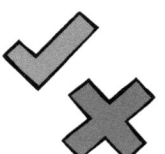

shi/fou

так / не

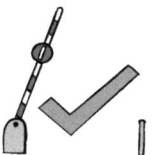

hao de

добра

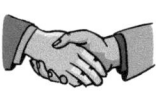

nin hao

прывітанне!

fan yi yuan

перакладчык

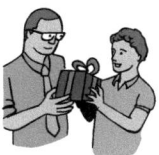

xie xie

дзякуй

......duo shao qian?

Колькі каштуе....?

wo bu ming bai

я не разумею

wen ti

праблема

wan shang hao!

Добры вечар!

zao shang hao!

Добрай раніцы!

wan an!

Дабранач!

zai jian

да пабачэння

fang xiang

кірунак

xing li

багаж

bao

сумка

shuang jian bao

заплечнік

ke ren

госць

fang jian

пакой

shui dai

спальны мяшок

zhang peng

палатка

lü you xin xi

інфармацыя для турыстаў

hai tan

пляж

xin yong ka

крэдытная картка

zao can

снеданне

wu can

абед

wan can

вячэра

piao

праязны білет

dian ti

ліфт

you piao

паштовая марка

bian jie

мяжа

hai guan

мытня

da shi guan

пасольства

qian zheng

віза

hu zhao

пашпарт

jiao tong yun shu
транспарт

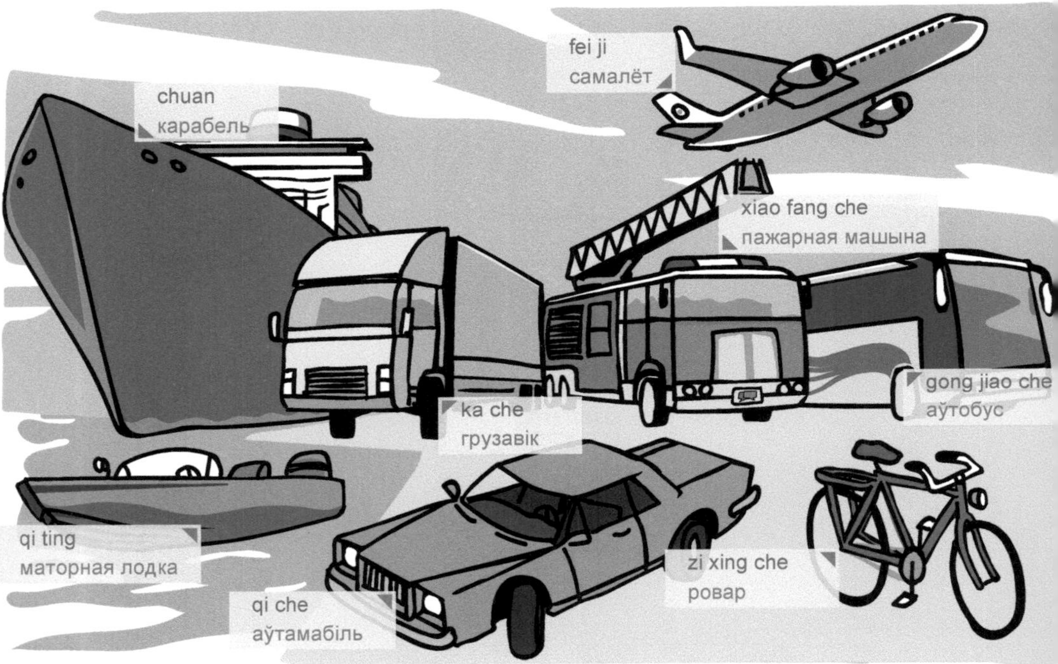

fei ji
самалёт
chuan
карабель
xiao fang che
пажарная машына
gong jiao che
аўтобус
ka che
грузавік
qi ting
маторная лодка
zi xing che
ровар
qi che
аўтамабіль

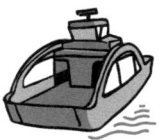

bai du chuan

паром

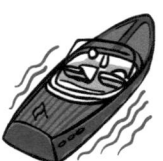

xiao chuan

лодка

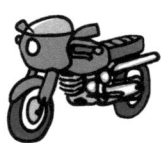

mo tuo che

матацыкл

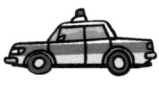

jing che

паліцэйская машына

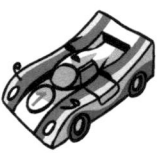

sai che

гоначны аўтамабіль

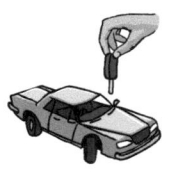

zu che

арэндаваны аўтамабіль

pin che

сумеснае карыстанне
аўтамабілем

tuo che

эвакуатар

la ji che

смеццявоз

fa dong ji

матор

qi you

паліва

jia you zhan

запраўка

jiao tong biao zhi

дарожны знак

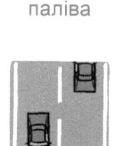

jiao tong

дарожны рух

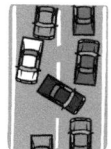

jiao tong du sai

затор

ting che chang

паркоўка

huo che zhan

чыгуначная станцыя

gui dao

рэйкі

huo che

цягнік

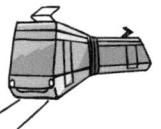

dian che

трамвай

huo che

вагон

jiao tong yun shu - транспарт

zhi sheng ji

верталёт

ji chang

аэрапорт

ta

вежа

cheng ke

пасажыр

ji zhuang xiang

кантэйнер

zhi ban xiang

кардонная скрыня

shou tui che

тачка

lan zi

карзіна

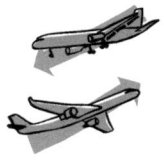

qi fei/jiang luo

ўзлятаць / прызямляцца

cheng shi

горад

cun zhuang

вёска

shi zhong xin

цэнтр горада

fang zi

дом

dian ying yuan
кінатэатр

guang gao
рэклама

lu deng
вулічны ліхтар

CINEMA

jie dao
вуліца

chu zu che
таксі

xiao chi dian
кіёск

xing ren
пешаход

ren xing dao
тратуар

ban ma xian
пешаходны пераход

la ji xiang
сметніца

shi zi lu kou
скрыжаванне

hong lü deng
светлафор

xiao wu

халупа

gong yu

кватэра

huo che zhan

чыгуначная станцыя

shi zheng ting

ратуша

bo wu guan

музей

xue xiao

школа

da xue

універсітэт

yin hang

банк

yi yuan

шпіталь

jiu dian

гатэль

yao fang

аптэка

ban gong shi

офіс

shu dian

кнігарня

shang dian

крама

hua dian

кветкавая крама

chao shi

супермаркет

shi chang

кірмаш

bai huo shang dian

універмаг

yu dian

рыбная крама

gou wu zhong xin

гандлевы цэнтр

hai gang

порт

gong yuan

парк

chang deng

лава

qiao

мост

lou ti

лесвіца

di tie

метро

sui dao

тунэль

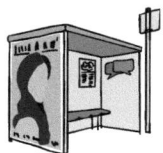

gong jiao che zhan

прыпынак

jiu ba

бар

can guan

рэстаран

you tong

паштовая скрыня

lu biao

вулічны паказальнік

ting che ji shi qi

паркамат

dong wu yuan

заапарк

you yong guan

басейн

qing zhen si

мячэць

nong chang

сядзіба

wu ran

забруджванне
навакольнага асяроддзя

mu di

могілкі

jiao tang

царква

cao chang

пляцоўка для гульні

si miao

храм

di xing

краявід

shu ye
ліст

zhi shi pai
паказальнік

lu
дарога

cao di
луг

shi tou
камень

shu
дрэва

tu bu lü xing zhe
падарожнік

he
рака

cao
трава

hua
кветка

xia gu

даліна

shan

гара

hu

возера

sen lin

лес

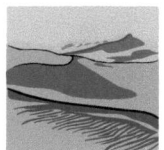

sha mo

пустыня

huo shan

вулкан

cheng bao

замак

cai hong

вясёлка

mo gu

грыб

zong lü shu

пальма

wen zi

камар

cang ying

муха

ma yi

мурашка

mi feng

пчала

zhi zhu

павук

jia chong

жук

qing wa

жаба

song shu

вавёрка

ci wei

вожык

ye tu

заяц

mao tou ying

сава

niao

птушка

tian e

лебедзь

ye zhu

дзік

lu

алень

mi lu

лось

shui ba

плаціна

feng li fa dian ji

вятрак

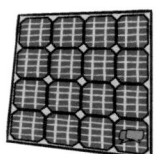

tai yang neng dian chi ban

сонечная батарэя

qi hou

клімат

can guan
рэстаран

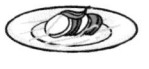

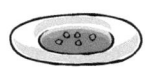

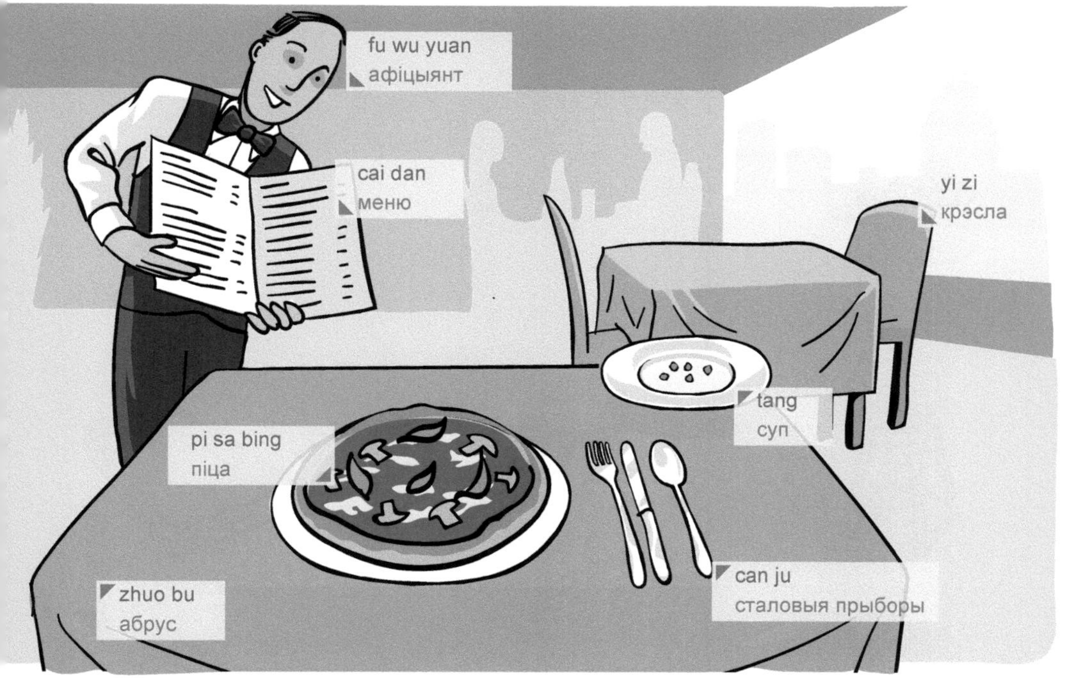
fu wu yuan
афіцыянт
cai dan
меню
yi zi
крэсла
tang
суп
pi sa bing
піца
zhuo bu
абрус
can ju
сталовыя прыборы

qian cai

закуска

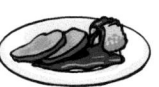

zhu cai

другая страва

tian dian

дэсерт

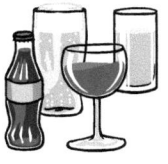

yin liao

напоі

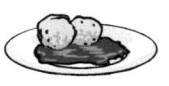

shi wu

ежа

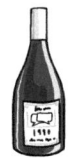

ping zi

бутэлька

kuai can

хуткае харчаванне (фаст-фуд)

jie bian xiao chi

стрыт-фуд

cha hu

імбрык (чайнік)

tang he

цукарніца

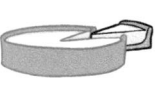

yi fen fan cai

порцыя

yi shi ka fei ji

эспрэса-машына

gao jiao yi

дзіцячае крэселка

zhang dan

рахунак

tuo pan

паднос

dao

нож

can cha

відэлец

shao zi

лыжка

cha chi

чайная лыжка

can jin

сурвэтка

bo li bei

шклянка

die zi

талерка

tang pan

супавая талерка

die zi

сподак

jiang

соус

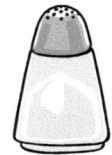

yan ping

сальніца

hu jiao mo

млынок для перцу

cu

воцат

shi yong you

алей

tiao wei liao

спецыі

fan qie jiang

кетчуп

jie mo

гарчыца

dan huang jiang

маянэз

chao shi

супермаркет

te jia
акцыя
gu ke
пакупнік
FOR
ru zhi pin
малочныя прадукты
shui guo
садавіна
gou wu che
вазок

BUTCHERS

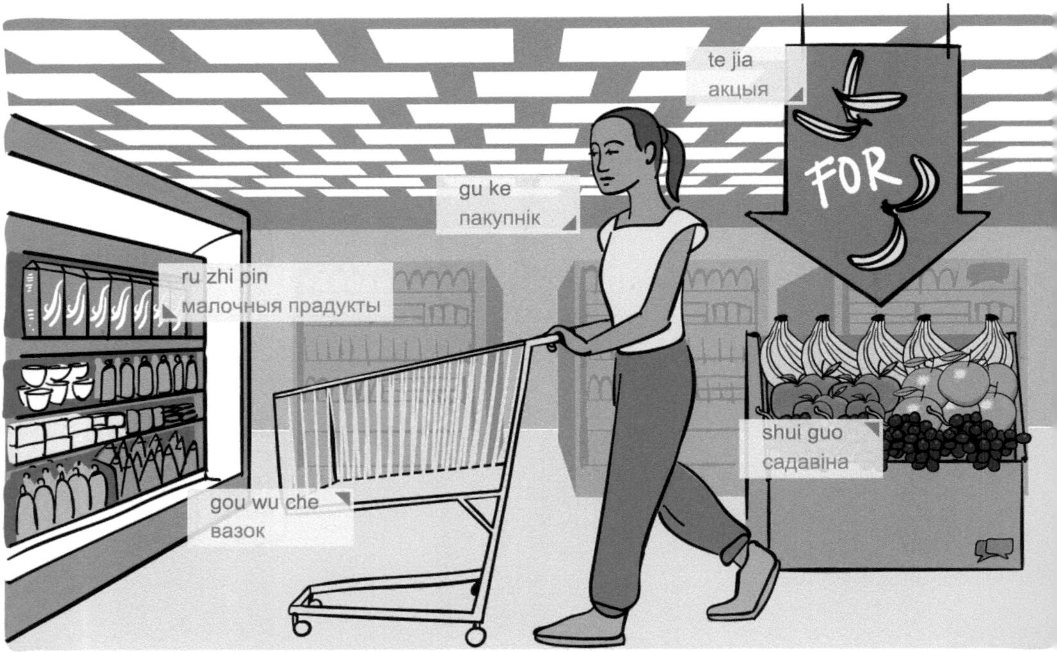

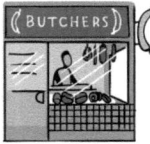

rou pu

мясная крама

BAKERY

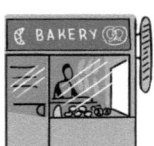

mian bao fang

хлебны магазін

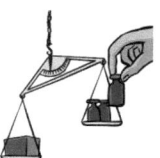

cheng zhong

важыць

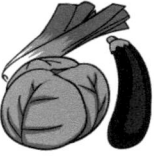

shu cai

гароднiна

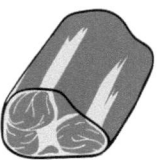

rou

мяса

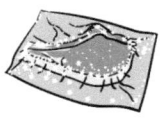

leng dong shi pin

свежазамарожаныя прадукты

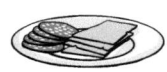

leng pan
нарэзка

guan tou shi pin
кансервы

xi yi fen
пральны парашок

tian shi
прысмакі

ri yong pin
хатнія прылады

qing jie yong pin
чысцячы сродак

xiao shou yuan
прадавец

shou yin ji
каса

shou yin yuan
касір

gou wu qing dan
спіс пакупак

kai fang shi jian
гадзіны працы

qian bao
бумажнік

xin yong ka
крэдытная картка

dai zi
сумка

su liao dai
пакет

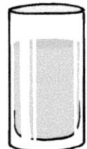

shui

вада

guo zhi

сок

niu nai

малако

ke le

кола

hong jiu

віно

pi jiu

піва

jiu

алкаголь

ke ke

какава

cha

гарбата (чай)

ka fei

кава

yi shi nong suo ka fei

эспрэса

ka bu qi nuo

капучына

xiang jiao

банан

ping guo

яблык

cheng zi

апельсін

xi gua

дыня

ning meng

лімон

hu luo bo

морква

da suan

часнок

zhu zi

бамбук

yang cong

цыбуля

mo gu

грыб

jian guo

арэхі

mian tiao

локшына

yi da li mian tiao

спагеці

mi fan

рыс

sha la

салата

shu tiao

бульба фры

zha tu dou

смажаная бульба

pi sa bing

піца

han bao bao

гамбургер

san ming zhi

бутэрброд

zha zhu pai

шніцаль

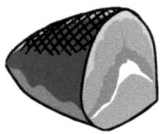

huo tui

вяндліна

sa la mi

салямі

xiang chang

каўбаса

ji rou

курыца

kao rou

смажаніна

yu

рыбак

yan mai pian

аўсяныя камякі

mu zi li

мюслі

yu mi pian

кукурузныя шматкі

mian fen

мука

yang jiao mian bao

круасан

mian bao juan

булачка

mian bao

хлеб

kao mian bao

тост

bing gan

пячэнне

huang you

масла

ning ru

тварог

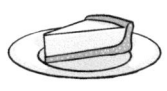

dan gao

пірог

dan

яйка

jian dan

яечня

nai lao

сыр

bing ji lin

марожанае

tang

цукар

feng mi

мёд

guo jiang

варэнне

qiao ke li jiang

нуга

ga li fan

кары

nong chang

сядзіба

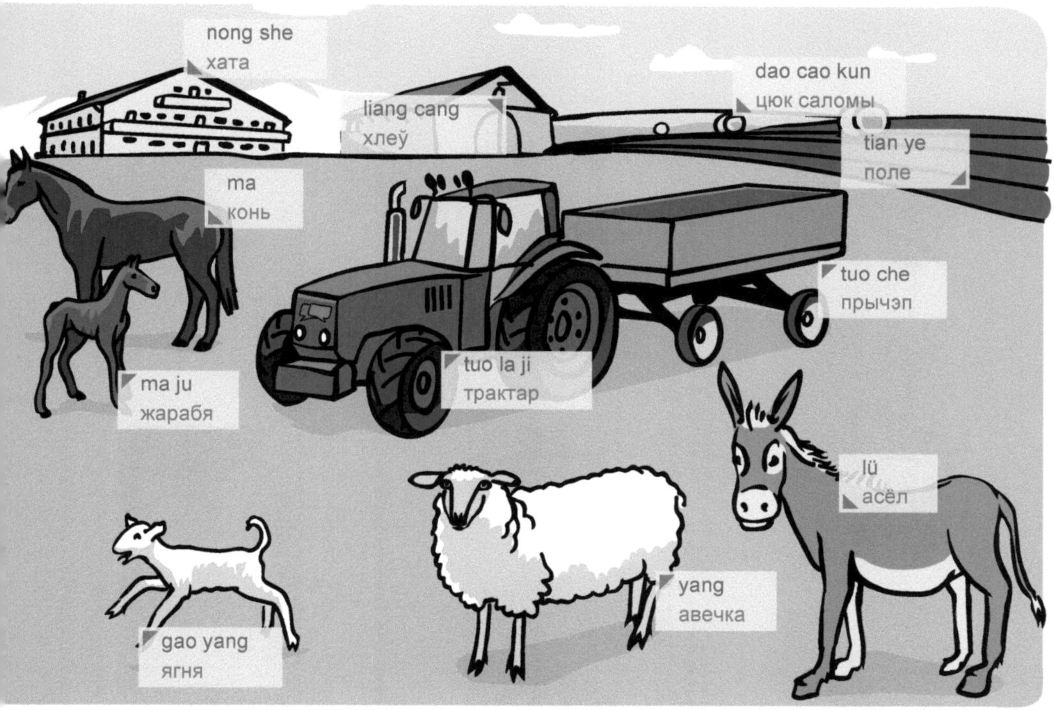

nong she
хата
dao cao kun
цюк саломы
liang cang
хлеў
tian ye
поле
ma
конь
tuo che
прычэп
tuo la ji
трактар
ma ju
жарабя
lü
асёл
yang
авечка
gao yang
ягня

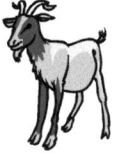

shan yang
каза

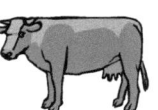

nai niu
карова

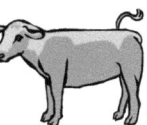

niu du
цяля

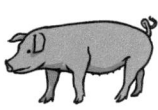

zhu
свіння

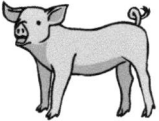

xiao zhu
парася

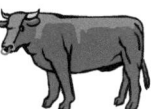

gong niu
бык

e
гусак

ya
качка

xiao ji
кураня

mu ji
курыца

gong ji
певень

shu
пацук

mao
кот

lao shu
мыш

niu
вол

gou
сабака

gou wu
сабачая будка

hua yuan jiao shui ruan
guan
садовы шланг

sa shui hu
палівачка

chang bing da lian dao
каса

li
плуг

lian dao

серп

chu tou

матыка

chang bing cao pa

вілы для гною

fu tou

сякера

du lun shou tui che

тачка

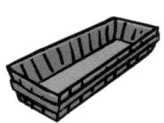

si liao cao

карыта

niu nai guan

бітон для малака

ma bu dai

мех

zha lan

плот

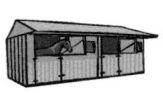

ma jiu

хлеў

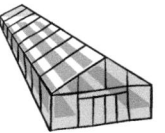

wen shi

цяпліца

tu rang

глеба

zhong zi

насенне

fei liao

угнаенне

lian he shou ge ji

камбайн

shou ge

збіраць ураджай

shou ge

ураджай

shan yao

ямс

xiao mai

пшаніца

da dou

соя

tu dou

бульба

yu mi

кукуруза

you cai zi

рапс

guo shu

садовае дрэва

shu shu

маніёк

gu wu

збожжа

fang zi
дом

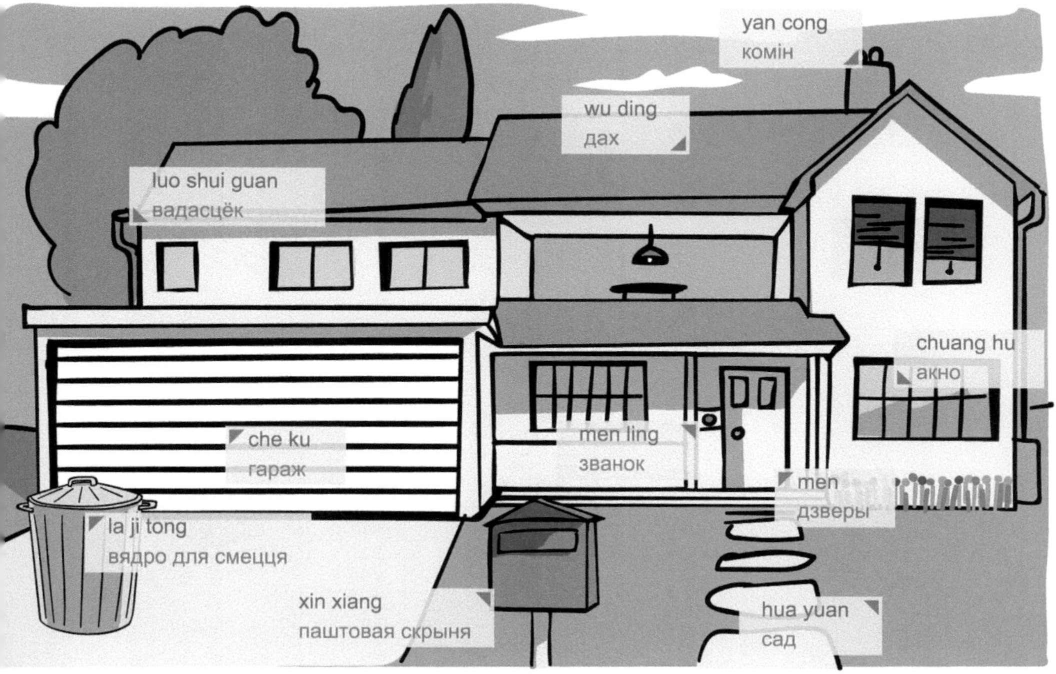

yan cong
комін
wu ding
дах
luo shui guan
вадасцёк
chuang hu
акно
che ku
гараж
men ling
званок
men
дзверы
la ji tong
вядро для смецця
xin xiang
паштовая скрыня
hua yuan
сад

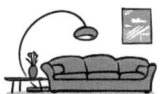

ke ting

жылы пакой

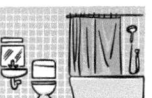

yu shi

ванная

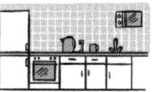

chu fang

кухня

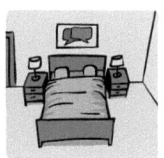

wo shi

спальны пакой

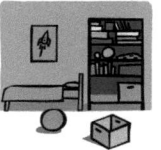

er tong fang

дзіцячы пакой

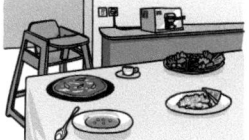

can ting

сталоўка

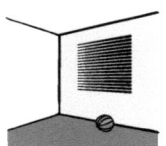

di ban

падлога

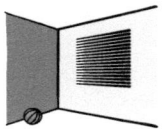

qiang bi

сцяна

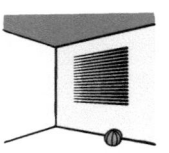

diao ding

столь

di jiao

падвал

sang na

саўна

yang tai

балкон

lu tai

тэраса

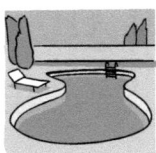

you yong chi

басейн

ge cao ji

касілка

bei dan

падкоўдранік

chuang zhao

коўдра

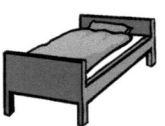

chuang

ложак

sao zhou

венік

shui tong

вядро

kai guan

выключальнік

ke ting

жылы пакой

bi zhi
шпалеры
zhao pian
малюнак
tai deng
лямпа
ge jia
паліца
chu gui
шафа
dian shi ji
тэлевізар
bi lu
камін
hua
кветка
dian zi
падушка
sha fa
канапа
hua ping
ваза
yao kong qi
пульт

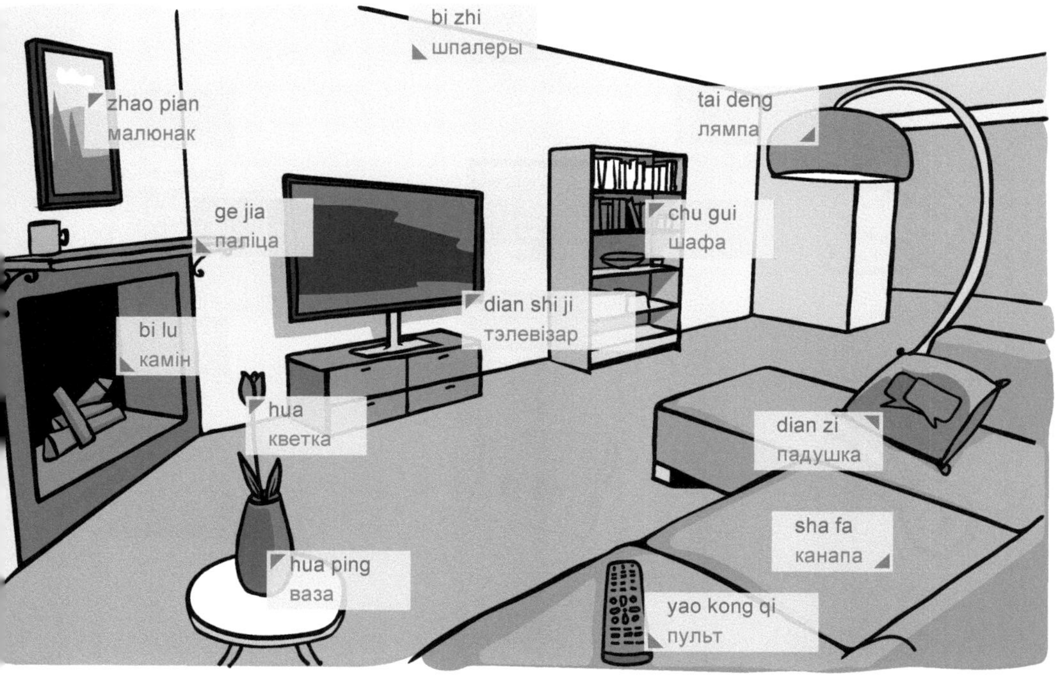

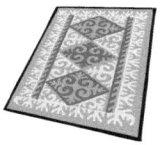

di tan

дыван

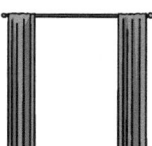

chuang lian

фіранка

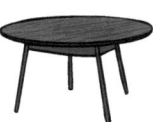

can zhuo

стол

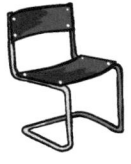

yi zi

крэсла

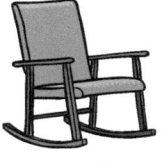

yao yi

крэсла-качалка

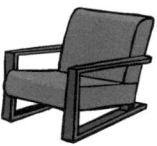

fu shou yi

крэсла

shu

кніга

tan zi

коўдра

zhuang shi pin

дэкарацыя

mu chai

дровы

dian ying

кіно

gao bao zhen yin xiang

стэрэасістэма

yao shi

ключ

bao zhi

газета

you hua

карціна

hai bao

постар

shou yin ji

радыё

bi ji ben

нататнік

xi chen qi

пыласос

xian ren zhang

кактус

la zhu

свечка

chu fang

кухня

bing xiang
халадзільнік
wei bo lu
мікрахвалёвая печ
chu fang cheng
кухонныя шалі
kao mian bao ji
тостар
xi jie jing
мыйны сродак
kao xiang
духоўка
bing gui
маразілка
la ji tong
вядро для смецця
xi wan ji
посудамыйная
машына

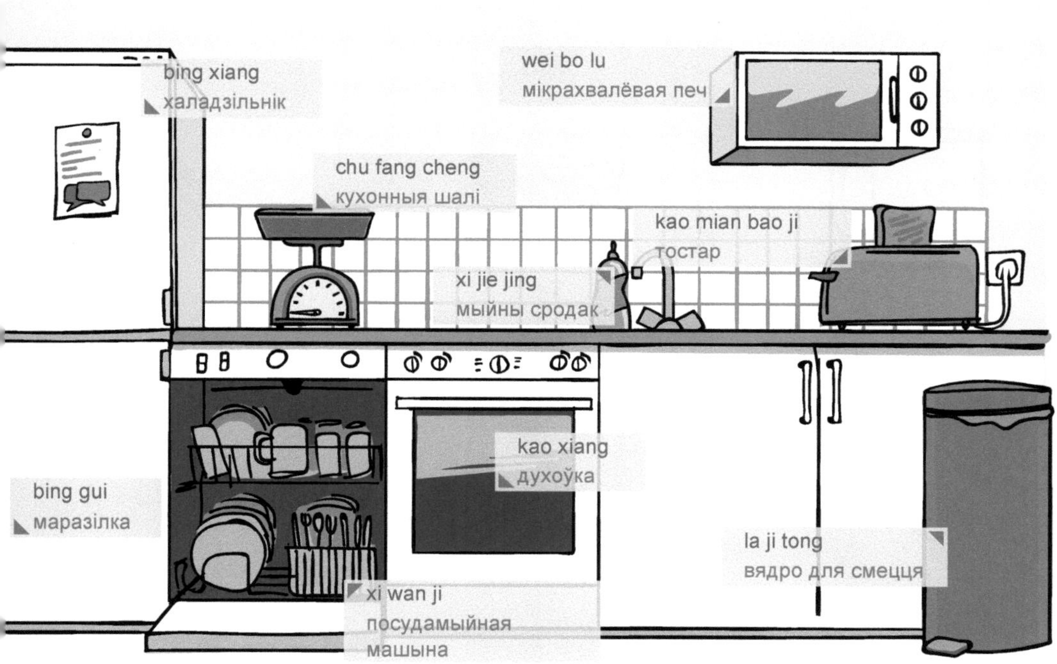

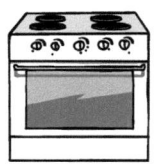

chui ju

....

пліта

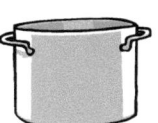

guo

....

рондаль

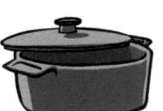

zhu tie guo

....

чыгунок

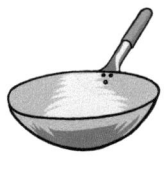

sha guo

....

Вок / кадаі

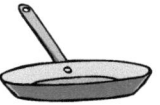

ping di guo

....

патэльня

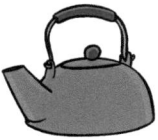

shui hu

....

чайнік

zheng guo

параварка

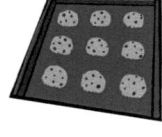

kao pan

бляха

tao ci guo

посуд

ma ke bei

кубак

wan

міска

kuai zi

палачкі для ежы

chang bing shao

чарпак

chan zi

лапатачка

jiao ban qi

збівалка

lü wang

сіта для варэння

shai zi

сіта

mo sui ji

тарка

yan bo

ступка

shao kao

грыль

ming huo

вогнішча

cai ban

дошка

gan mian zhang

качалка

kai ping qi

штопар

guan zi

бляшанка

kai ping qi

адкрывалка

ge re shou tao

прыхваткі

shui cao

ракавіна

shua zi

шчотка

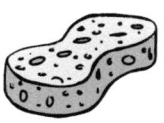

hai mian

губка

jiao ban ji

міксер

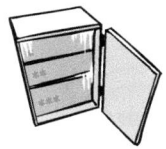

leng cang xiang

маразільная камера

nai ping

бутэлечка

shui long tou

вадаправодны кран

yu shi

ванная

gong nuan she bei
ручніковы сушыцель
mao jin
ручнік
lin yu
душ
yu lian
штора для душа
pao mo yu
пенная ванна
yu gang
ванна
bo li bei
шклянка
xi yi ji
мыйная машына
shui long tou
вадаправодны кран
ci zhuan
плітка
bian hu
начны гаршчок
shui cao
ракавіна

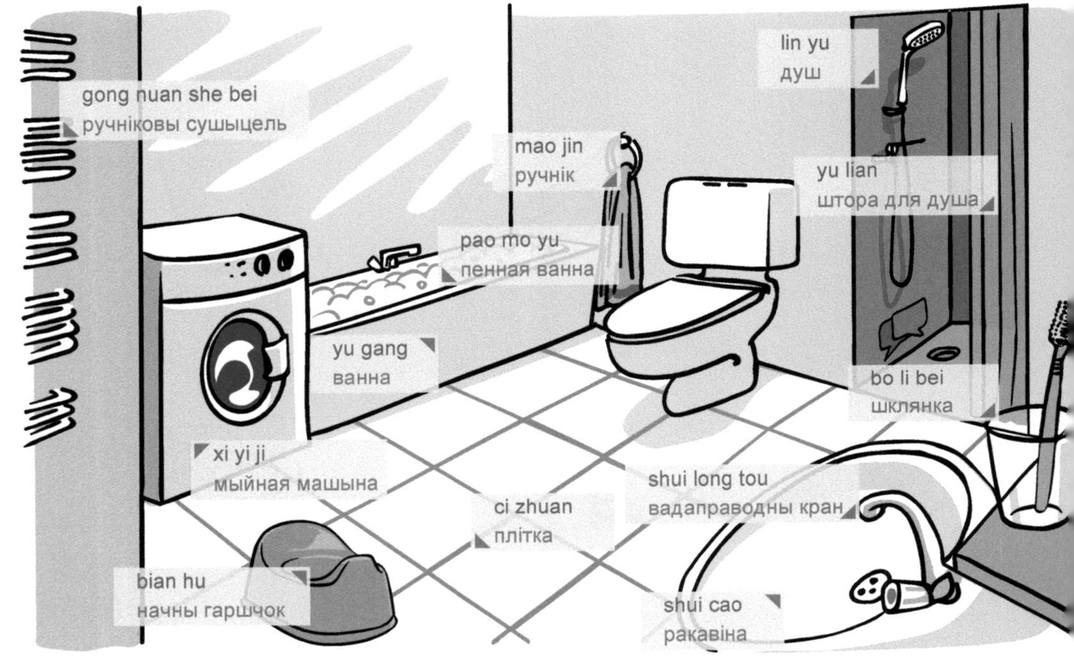

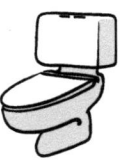

ce suo
туалет

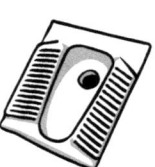

dun bian qi
падлогавы ўнітаз

zuo yu qi
бідэ

xiao bian chi
пісуар

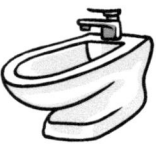

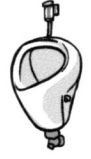

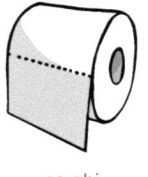

ce zhi
туалетная папера

ma tong shua
шчотка для чысткі ўнітаза

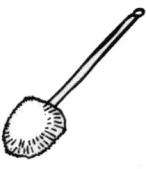

ya shua

зубная шчотка

ya gao

зубная паста

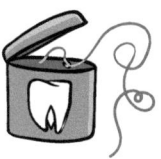

ya xian

зубная нітка

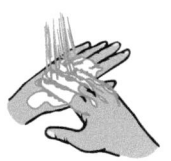

xi

мыць

shou chi shi pen lin tou

ручны душ

chong xi qi

інтымны душ

xi lian pen

умывальнік

ca bei shua

шчотка для спіны

fei zao

мыла

mu yu lu

гель для душа

xi fa shui

шампунь

fa lan rong

вяхотка

pai shui

вадасцёк

ru shuang

крэм

chu chou ji

дэзадарант

jing zi

люстэрка

shou jing

касметычнае люстэрка

ti xu dao

станок для галення

ti xu pao mo

пена для галення

xu hou shui

ласьён пасля галення

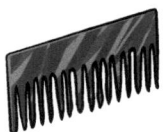

shu zi

грэбень

shua zi

шчотка

chui feng ji

фен

pen fa ding xing ji

лак для валасоў

hua zhuang pin

касметыка

chun gao

памада

zhi jia you

лак для пазногцяў

hua zhuang mian

вата

zhi jia jian

манікюрныя нажніцы

xiang shui

духі

xi shu bao

касметычка

deng zi

табурэтка

ji zhong cheng

вагі

yu pao

лазневы халат

xiang jiao shou tao

санітарныя пальчаткі

wei sheng mian tiao

тампон

wei sheng jin

гігіенічныя пракладкі

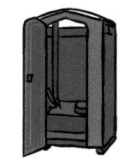

hua xue ce suo

біятуалет

er tong fang
дзіцячы пакой

nao zhong
будзільнік
mao rong wan ju
мяккая цацка
wan ju che
цацачная машынка
bo lang gu
бразготка
wan ju wu
лялечны домік
li wu
падарунак

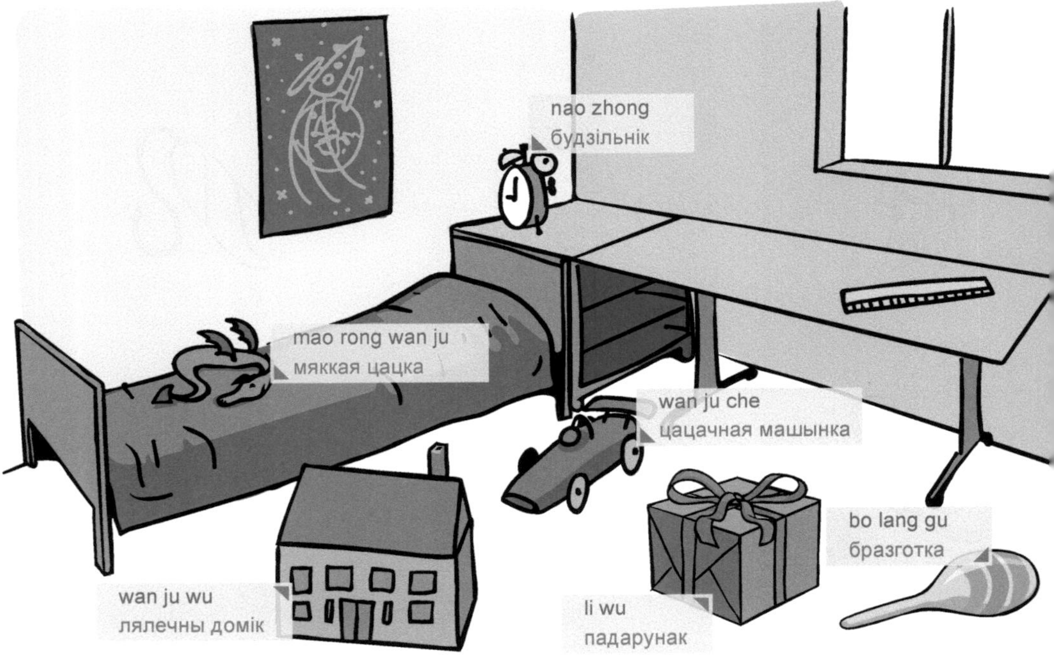

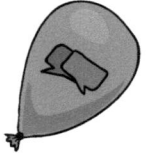

qi qiu

надзіманы шарык

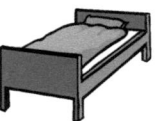

chuang

ложак

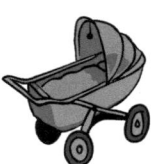

(yang wa wa yong)ying er che

дзіцячая каляска

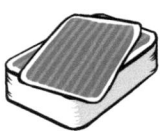

pu ke pai

калода картаў

pin tu

пазл

SUPER
MEGA

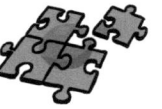

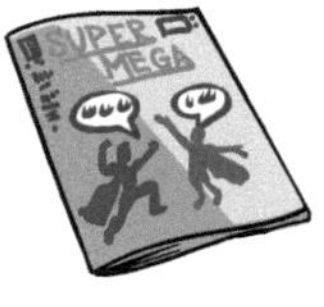

man hua

комікс

le gao ji mu

канструктар "Лега"

ji mu wan ju

канструктар

wan ju ren

экшэн-фігурка

ying er fu

дзіцячы гарнітур

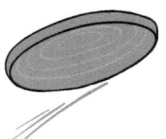

fei pan

фрызбі

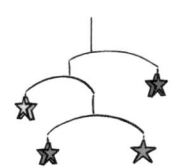

chuang ling wan ju

дзіцячы мабіль

qi pan you xi

настольная гульня

shai zi

кубік

huo che mo xing

дзіцячая чыгунка

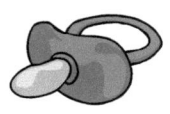

an fu nai zui

пустышка

ju hui

дзіцячае свята

hui ben

кніга з малюнкамі

qiu

мячык

yang wa wa

лялька

wan

гуляцца

sha keng

пясочніца

qiu qian

арэлі

wan ju

цацкі

you xi ji

гульнявая відэа прыстаўка

san lun che

трохколавы ровар

tai di xiong

плюшавы мішка

yi chu

шафа

yi fu

адзенне

wa zi

шкарпэткі

chang wa

панчохі

jin shen ku

калготкі

wei jin
шалік

pi dai
рамень

yu san
парасон

T xu
цішотка

xue zi
боты

tuo xie
пантоплі

yun dong xie
красоўкі

liang xie
сандалі

xie
абутак

yu xue
гумовыя боты

nei ku
трусы

xiong zhao
бюстгальтар

bei xin
майка

yi fu - адзенне

shen ti

бодзі

ku zi

штаны

niu zai ku

джынсы

duan qun

спадніца

nü shi chen shan

блузка

chen shan

кашуля

tao tou shan

джэмпер

wei yi

талстоўка

xi zhuang jia ke

блэйзер

jia ke

куртка

wai tao

паліто

yu yi

дажджавік

tao zhuang

касцюм

lian yi qun

сукенка

hun sha

вясельная сукенка

xi zhuang

касцюм

shui pao

начная сарочка

shui yi

піжама

sha li

сары

tou jin

хустка

bao tou jin

цюрбан

bo ka

паранджа

ka fu tan

каптан

(a la bo shi)chang pao

Абая

yong yi

купальнік

nan shi yong ku

плаўкі

duan ku

шорты

yun dong fu

спартыўны касцюм

wei qun

фартух

shou tao

пальчаткі

niu kou

гузік

yan jing

акуляры

shou lian

бранзалет

xiang lian

каралі

jie zhi

кальцо

er huan

завушніца

bian mao

кепка

yi jia

вешалка

mao zi

капялюш

ling dai

гальштук

la lian

маланка

tou kui

шлем

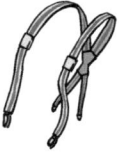

bei dai

падцяжкі

xiao fu

школьная форма

zhi fu

уніформа

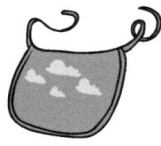

wei dou

нагруднік

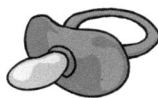

an fu nai zui

пустышка

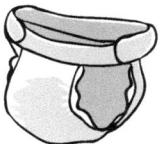

niao bu shi

падгузнік

ban gong shi
офіс

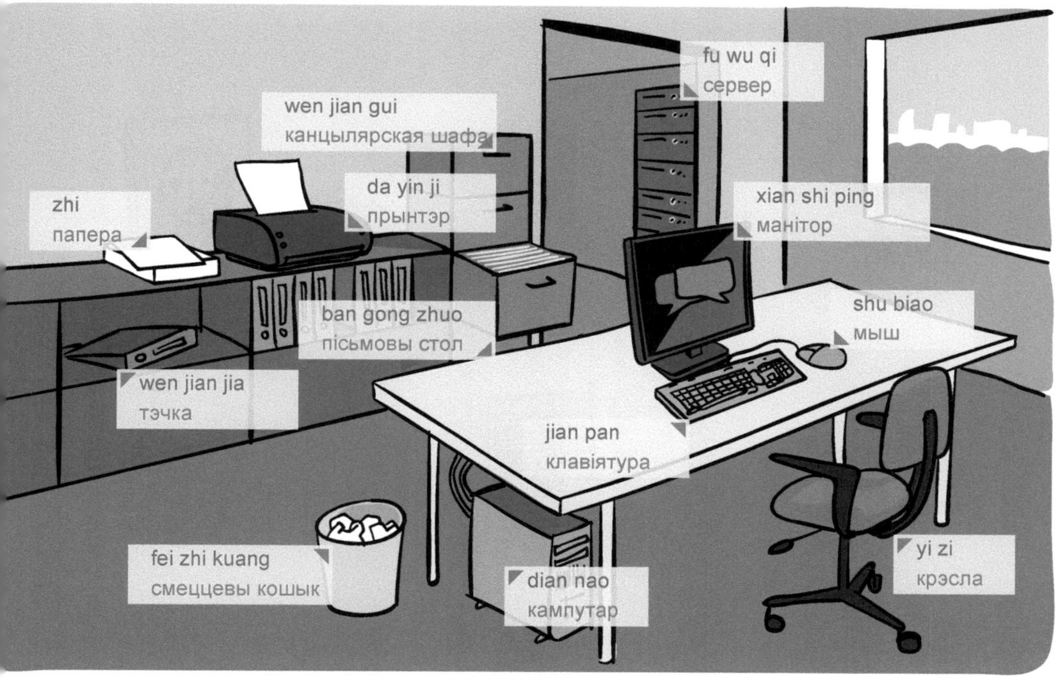
fu wu qi
сервер
wen jian gui
канцылярская шафа
zhi
папера
da yin ji
прынтэр
xian shi ping
манітор
shu biao
мыш
ban gong zhuo
пісьмовы стол
wen jian jia
тэчка
jian pan
клавіятура
fei zhi kuang
смеццевы кошык
dian nao
кампутар
yi zi
крэсла

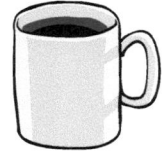

ka fei bei

убак для кавы (філіжанка)

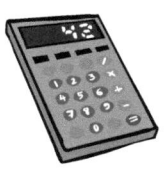

ji suan qi

калькулятар

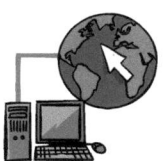

yin te wang

інтэрнэт

bi ji ben dian nao

ноўтбук

xin jian

ліст

xiao xi

паведамленне

shou ji

мабільны тэлефон

wang luo

сетка

fu yin ji

ксеракс

ruan jian

праграмнае забеспячэнне

dian hua

тэлефон

cha zuo

разетка

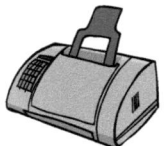

chuan zhen ji

факс

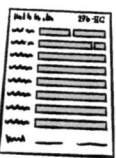

biao ge

фармуляр

wen jian

дакумент

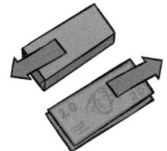

mai
....
купляць

fu qian
....
плаціць

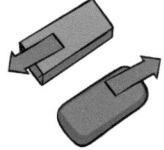

jiao yi
....
гандляваць

xian jin
....
грошы

mei yuan
....
долар

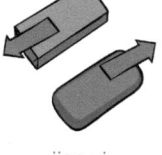

ou yuan
....
еўра

ri yuan
....
ена

lu bu
....
рубель

rui shi fa lang
....
франк

ren min bi
....
кітайскі юань

lu bi
....
рупія

ti kuan chu
....
банкамат

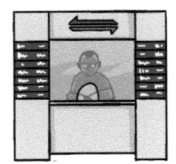

wai bi dui huan chu

абменны пункт

jin

золата

yin

срэбра

shi you

нафта

neng yuan

энергія

jia ge

цана

he tong

кантракт

shui jin

падатак

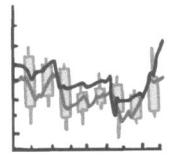

gu piao

акцыя

gong zuo

працаваць

zhi yuan

служачы

lao ban

працадаўца

gong chang

фабрыка

shang dian

крама

zhi ye
прафесіі

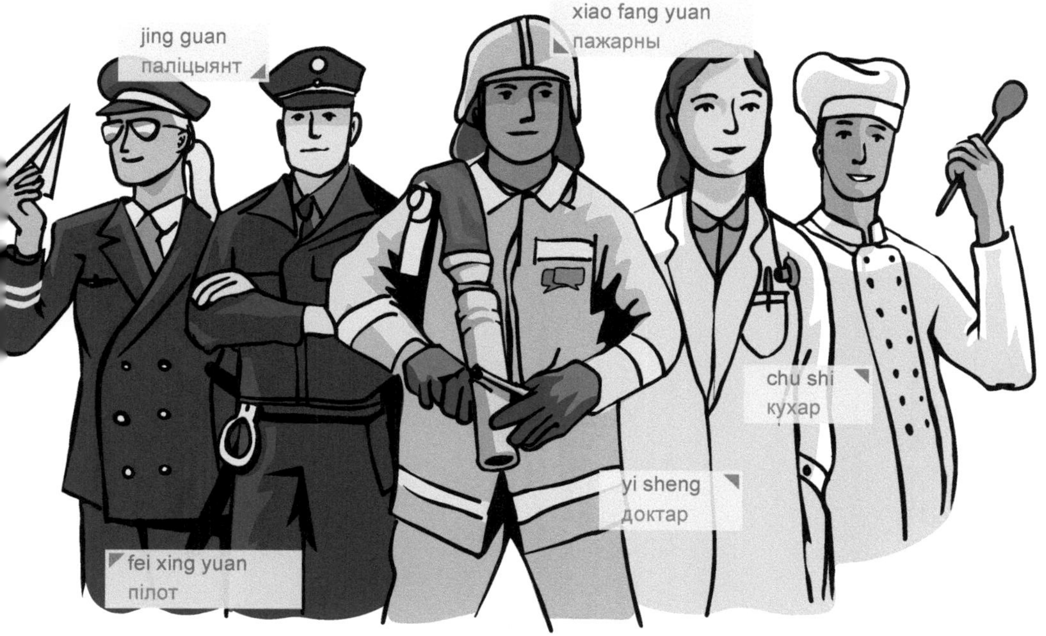

jing guan
паліцыянт
xiao fang yuan
пажарны
chu shi
кухар
yi sheng
доктар
fei xing yuan
пілот

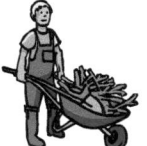

yuan ding

садоўнік

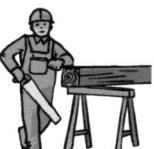

mu jiang

слесар

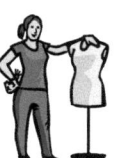

cai feng

швачка

fa guan

суддзя

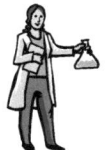

hua xue jia

хімік

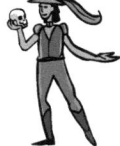

yan yuan

артыст

gong jiao che si ji

кіроўца аўтобуса

chu zu che si ji

таксіст

yu fu

рыбак

qing jie nü gong

прыбіральшчыца

wu ding gong

страхар

fu wu yuan

афіцыянт

lie ren

паляўнічы

hua jia

мастак

mian bao shi

пекар

dian gong

электрык

jian zhu gong ren

будаўнік

gong cheng shi

інжынер

tu fu

мяснік

shui guan gong

сантэхнік

you di yuan

паштальён

shi bing

салдат

jian zhu shi

архітэктар

shou yin yuan

касір

hua nong

фларыст

li fa shi

цырульнік

shou piao yuan

кандуктар

ji xie shi

механік

chuan zhang

капітан

ya yi

стаматолаг

ke xue jia

вучоны

la bi

рабін

yi ma mu

імам

he shang

манах

mu shi

святар

gong ju
інструменты

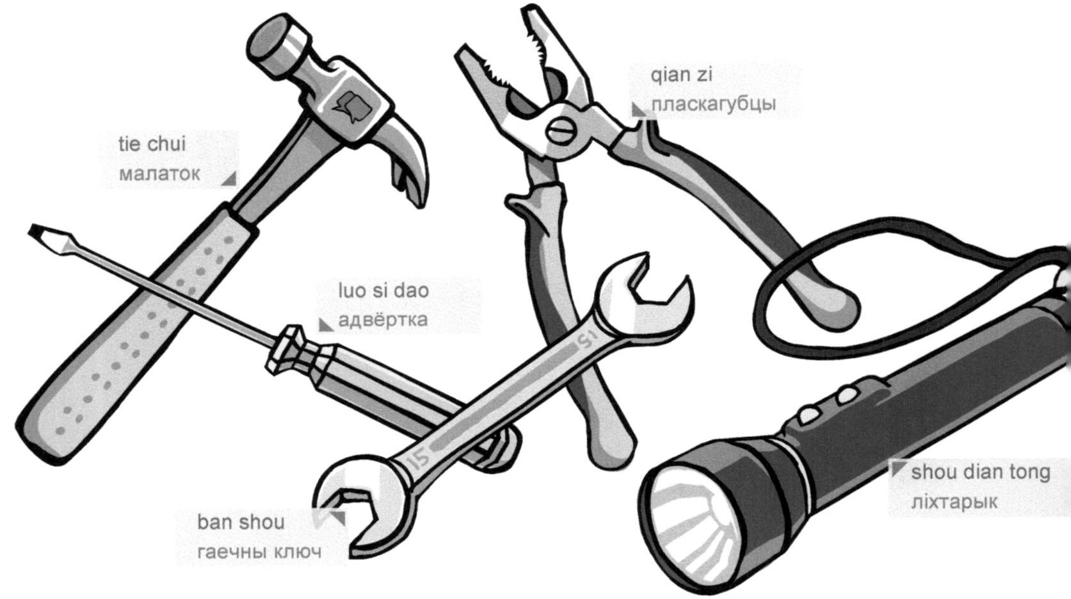
tie chui
малаток
qian zi
пласкагубцы
luo si dao
адвёртка
ban shou
гаечны ключ
shou dian tong
ліхтарык

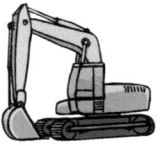

wa jue ji

экскаватар

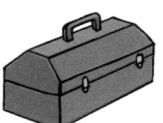

gong ju xiang

скрыня для інструментаў

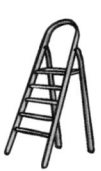

ti zi

драбіны

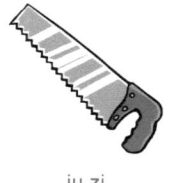

ju zi

піла

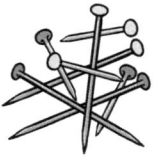

ding zi

цвікі

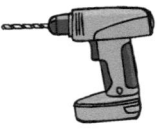

zuan ji

дрыль

xiu
....
рамантаваць

chan zi
....
рыдлеўка

kao!
....
Халера!

bo ji
....
шуфлік для смецця

you qi tong
....
вядро з фарбаю

luo si
....
балты

yue qi
музычныя інструменты

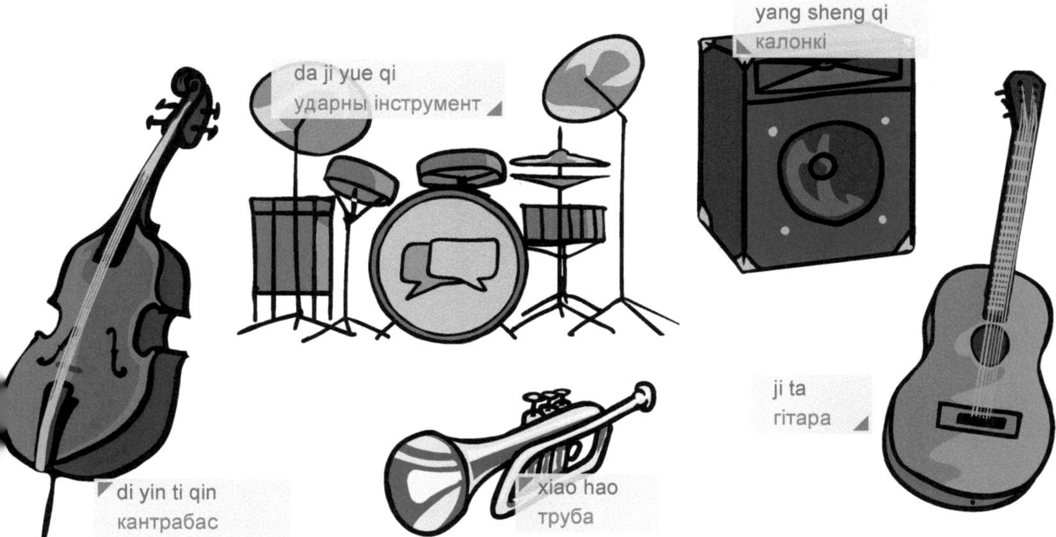

yang sheng qi
калонкі

da ji yue qi
ударны інструмент

ji ta
гітара

di yin ti qin
кантрабас

xiao hao
труба

gang qin

піяніна

xiao ti qin

скрыпка

bei si

басгітара

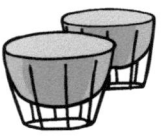

ding yin gu

літаўры

gu

барабан

dian zi qin

клавішны электрамузычны інструмент

sa ke si guan

саксафон

chang di

флейта

mai ke feng

мікрафон

dong wu yuan

заапарк

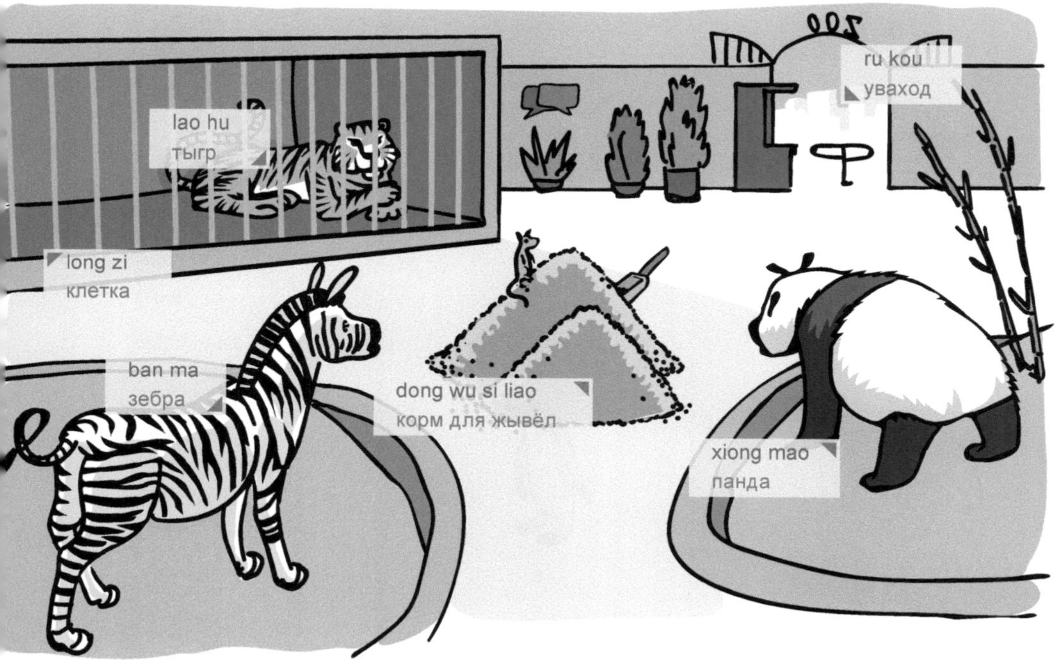

ru kou
уваход
lao hu
тыгр
long zi
клетка
ban ma
зебра
dong wu si liao
корм для жывёл
xiong mao
панда

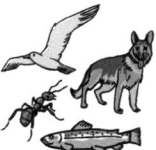

dong wu

жывёлы

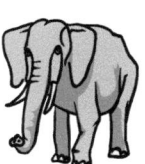

da xiang

слон

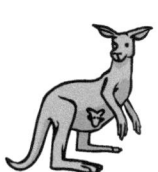

dai shu

кенгуру

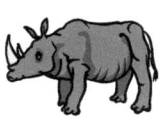

xi niu

насарог

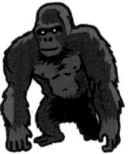

da xing xing

гарыла

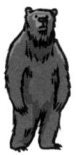

xiong

мядзведзь

luo tuo

вярблюд

tuo niao

стравус

shi zi

леў

hou zi

малпа

huo lie niao

фламінга

ying wu

папугай

bei ji xiong

белы мядзведзь

qi e

пінгвін

sha yu

акула

kong que

паўлін

she

змяя

e yu

кракадзіл

dong wu yuan guan li yuan

наглядчык заапарка

hai bao

цюлень

mei zhou bao

ягуар

ai zhong ma

поні

bao

леапард

he ma

бегемот

chang jing lu

жыраф

lao ying

арол

ye zhu

дзік

yu

рыбак

gui

чарапаха

hai xiang

морж

hu li

ліса

ling yang

газель

gan lan qiu
амерыканскі футбол

qi zi xing che
веласпорт

wang qiu
тэніс

lan qiu
баскетбол

you yong
плаванне

bing qiu
хакей з шайбай

quan ji
бокс

ying shi zu qiu

футбол

yu mao qiu

бадмінтон

tian jing

лёгкая атлетыка

shou qiu

гандбол

hua xue

горныя лыжы

ma qiu

пола

tiao
скакаць

xiao
смяяцца

yong bao
абдымаць

zou lu
iсцi

chang
спяваць

zuo meng
марыць

qi dao
маліцца

qin wen
цалаваць

shu xie

пiсаць

hua

маляваць

zhan shi

паказваць

tui

нацiснуць

gei

даваць

na

браць

you

маць

zuo

выконваць

dang

быць

zhan

стаяць

pao

бегчы

la

цягнуць

reng

кідаць

shuai dao

падаць

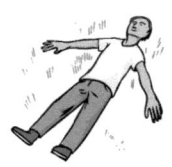

tang

ляжаць

deng dai

чакаць

xie dai

насіць

zuo

сядзець

chuan yi

апранацца

shui jiao

спаць

xing lai

прачынацца

kan

глядзець

ku

плакаць

fu mo

лашчыць

shu tou

прычэсвацца

jiao tan

гаварыць

ming bai

разумець

wen

пытаць

ting

чуць

he

піць

chi

есці

qing li

прыбіраць

ai

кахаць

zuo fan

гатаваць

kai che

ехаць

fei

лятаць

hang xing

плаваць пад ветразем

ji suan

лічыць

du

чытаць

xue xi

вучыць

gong zuo

працаваць

jie hun

уступаць у шлюб

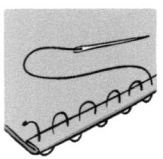

feng

шыць

shua ya

чысціць зубы

sha

забіваць

chou yan

курыць

ji

пасылаць

zu mu
бабуля

zu fu
дзядуля

fu qin
бацька

mu qin
маці

ying tong
дзіця

nü er
дачка

er zi
сын

ke ren

госць

a yi

цётка

shu shu

дзядзька

xiong di

брат

jie mei

сястра

shen ti

цела

qian e
лоб
yan jing
вока
jian bang
плячо
shou zhi
палец
lian
твар
xia ba
падбародак
shou
рука
tui
нага
ru fang
грудзі
shou bi
рука

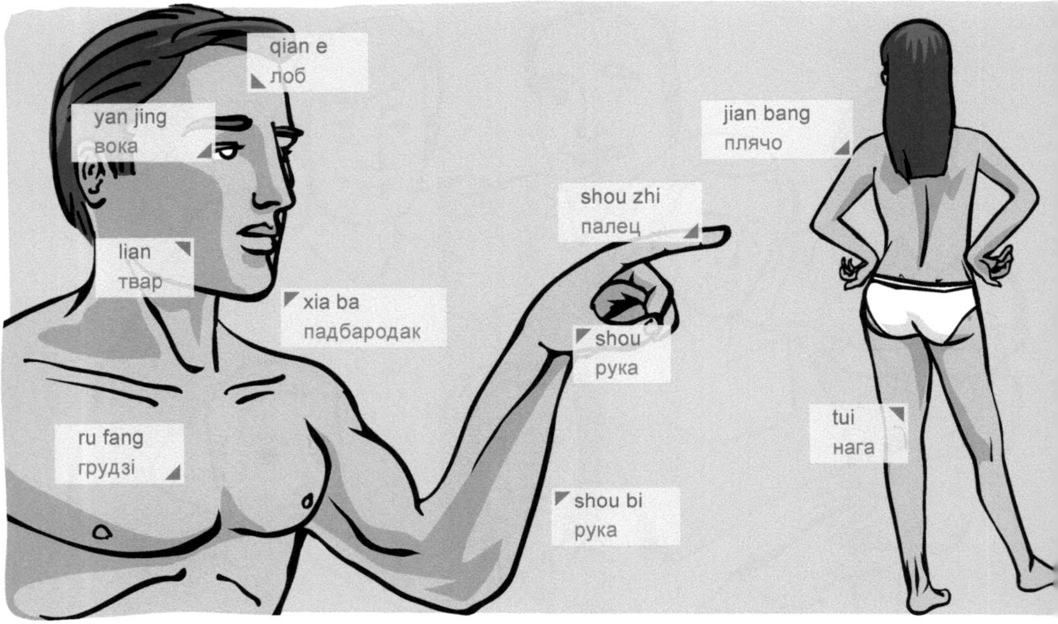

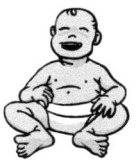

ying tong

дзіця

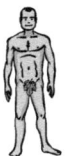

nan ren

мужчына

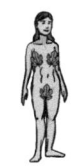

nü ren

жанчына

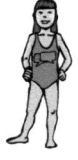

nü hai

дзяўчынка

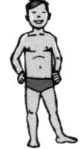

nan hai

хлопчык

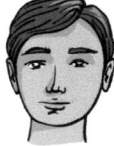

tou

галава

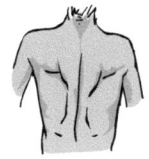

bei bu

спіна

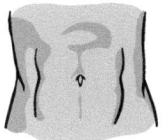

du zi

жывот

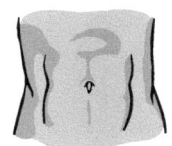

du qi

пуп

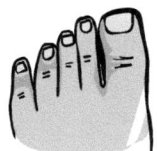

jiao zhi

палец нагі

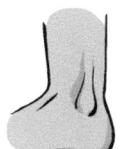

jiao hou gen

пятка

gu tou

костка

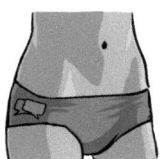

tun bu

бядро

xi gai

калена

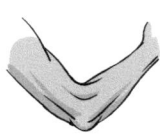

shou zhou

локаць

bi zi

нос

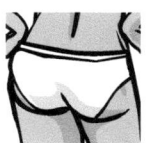

pi gu

ягадзіца

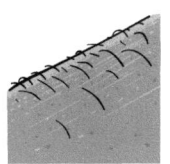

pi fu

скура

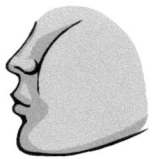

lian jia

шчака

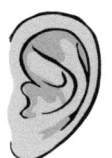

er duo

вуха

zui chun

губа

zui

рот

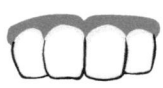

ya chi

зуб

she tou

язык

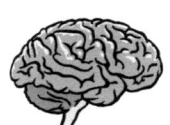

nao

галаўны мозг

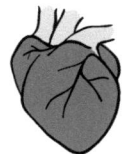

xin zang

сэрца

ji rou

мышца

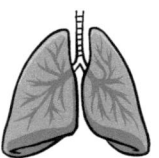

fei

лёгкае

gan zang

пячонка

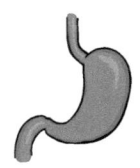

wei

страўнік

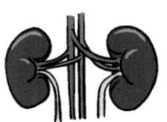

shen zang

ныркі

xing jiao

сэкс

bi yun tao

прэзерватыў

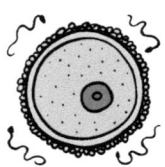

luan zi

яйцаклетка

jing zi

сперма

huai yun

цяжарнасць

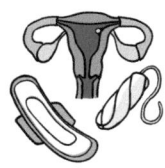

yue jing

менструацыя

yin dao

похва

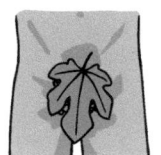

yin jing

пеніс

mei mao

брыво

tou fa

валасы

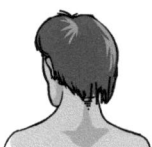

bo zi

шыя

yi yuan
шпіталь

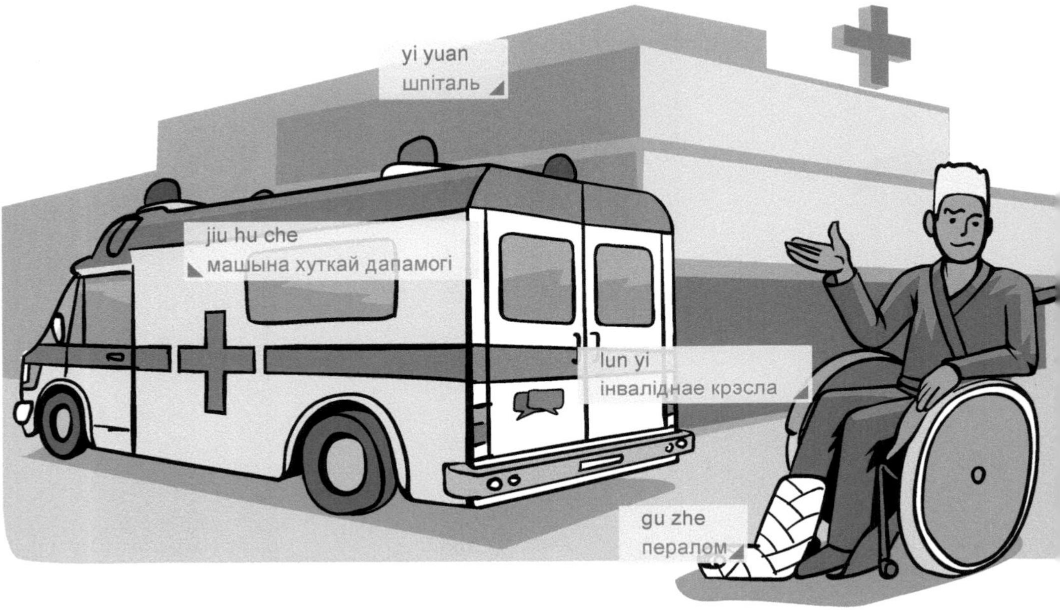

yi yuan
шпіталь
jiu hu che
машына хуткай дапамогі
lun yi
інваліднае крэсла
gu zhe
пералом

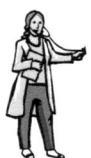

yi sheng

доктар

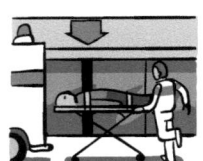

ji zhen shi

аддзяленне першай дапамогі

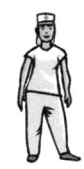

hu shi

медсястра

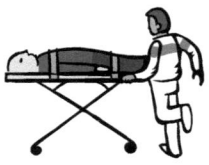

jin ji qing kuang

экстраная дапамога

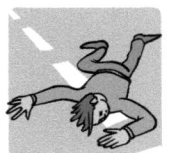

hun mi

непрытомны

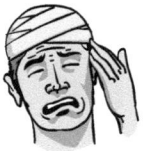

tong

боль

shou shang

траўма

chu xue

крывацёк

xin zang bing fa zuo

інфаркт

zhong feng

апаплексія

guo min

алергія

ke sou

кашаль

fa shao

гарачка

liu gan

грып

fu xie

панос

tou tong

галаўны боль

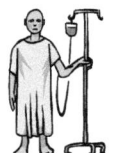

ai zheng

рак

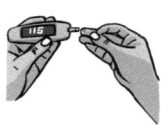

tang niao bing

дыябет

wai ke yi sheng

хірург

shou shu dao

скальпель

shou shu

аперацыя

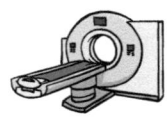

CT

КТ

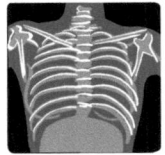

X guang

рэнтген

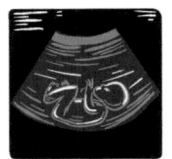

chao sheng bo

ультрагук

kou zhao

маска

ji bing

хвароба

hou zhen shi

пачакальня

guai zhang

мыліца

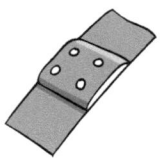

shi gao

пластыр

beng dai

бінт

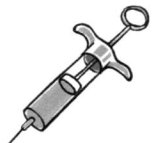

zhu she

ін'екцыя

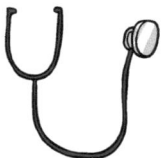

ting zhen qi

стэтаскоп

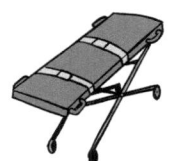

dan jia

насілкі

ti wen ji

градуснік

chu sheng

нараджэнне

chao zhong

лішняя вага

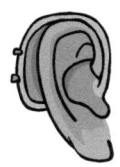

zhu ting qi

слухавы апарат

xiao du ye

дэзінфекцыйны сродак

gan ran

інфекцыя

bing du

вірус

ai zi bing

ВІЧ/СНІД

yao wu

лекі

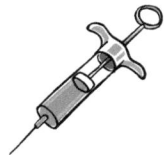

jie zhong yi miao

прышчэпка

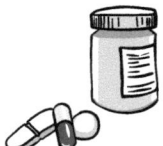

yao pian

таблеткі

yao wan

супрацьзачаткавая таблетка

ji jiu dian hua

экстраны выклік

xue ya ji

танометр

sheng bing/jian kang

хворы / здаровы

jiu ming!

Ратуйце!

jing bao

сігналізацыя

tu ji

напад

gong ji

атака

wei xian

небяспека

jin ji chu kou

аварыйны выхад

zhao huo la!

Пажар!

mie huo qi

вогнетушыцель

yi wai

аварыя

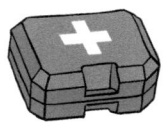

ji jiu xiang

аптэчка

hu jiu xin hao

СОС

jing cha

паліцыя

ou zhou

Еўропа

bei mei zhou

Паўночная Амерыка

nan mei zhou

Паўднёвая Амерыка

fei zhou

Афрыка

ya zhou

Азія

ao zhou

Аўстралія

da xi yang

Атлантычны акіян

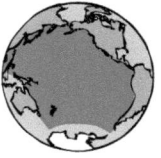

tai ping yang

Ціхі акіян

yin du yang

Індыйскі акіян

nan bing yang

Паўднёвы ледавіты акіян

bei bing yang

Паўночны ледавіты акіян

bei ji

Паўночны полюс

nan ji

Паўднёвы полюс

nan ji zhou

Антарктыда

di qiu

Зямля

lu di

краіна

hai

мора

dao

востраў

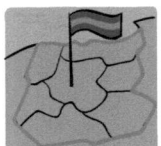

guo jia

нацыя

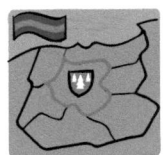

guo jia

дзяржава

zhong mian

цыферблат

shi zhen

гадзінная стрэлка

fen zhen

хвілінная стрэлка

miao zhen

секундная стрэлка

xian zai ji dian?

Колькі часу?

tian

дзень

shi jian

час

xian zai

зараз

dian zi biao

электронны гадзіннік

fen

хвіліна

shi

гадзіна

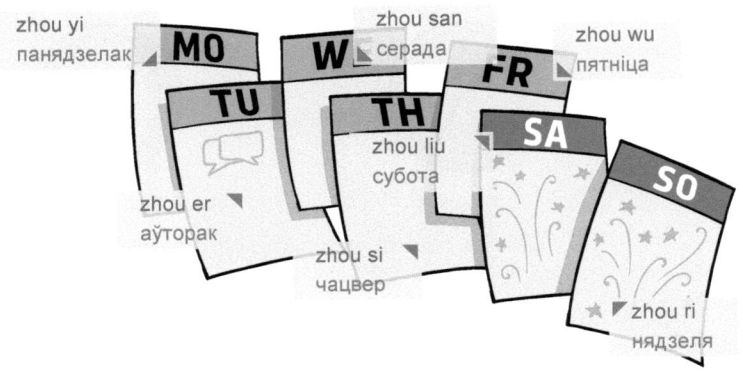

zhou yi — панядзелак
zhou er — аўторак
zhou san — серада
zhou si — чацвер
zhou wu — пятніца
zhou liu — субота
zhou ri — нядзеля

zuo tian

ўчора

jin tian

сёння

ming tian

заўтра

zao chen

раніца

zhong wu

абед

wan shang

вечар

gong zuo ri

працоўныя дні

zhou mo

выхадныя

nian

год

yu
дождж
cai hong
вясёлка
xue
снег
feng
вецер
chun
вясна
qiu
восень
xia
лета
dong
зіма

4.APRIL 11°
5.APRIL 4°
6.APRIL 13°
7.APRIL 8°
8.APRIL 10°

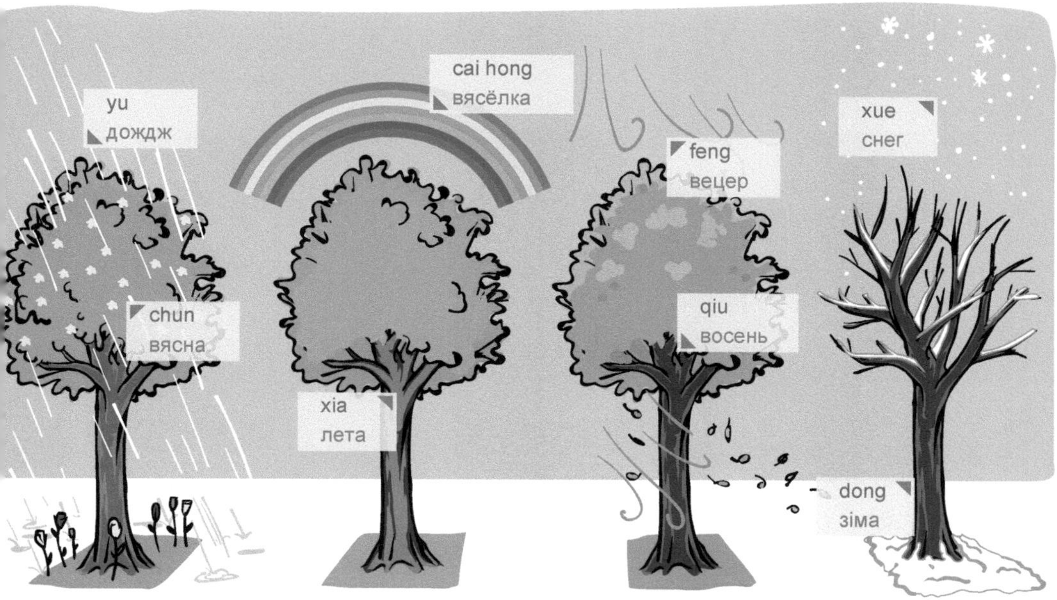

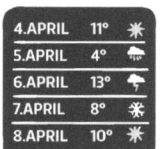

tian qi yu bao

прагноз надвор'я

F
C
120
90
60
30
0
-30
40
30
20
10
0
-10
-20

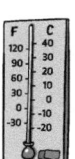

wen du ji

градуснік

yang guang

сонечнае святло

yun

воблака

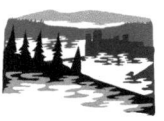

wu

туман

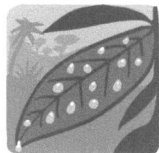

chao shi

вільготнасць паветра

shan dian

маланка

da lei

гром

feng bao

бура

bing bao

град

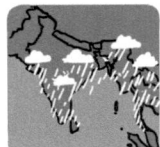

ji feng

мусонны вецер

hong shui

прыліў

bing

лёд

yi yue

студзень

er yue

люты

san yue

сакавік

si yue

красавік

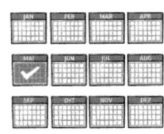

wu yue

май

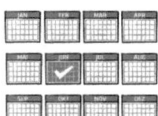

liu yue

чэрвень

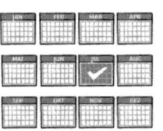

qi yue

ліпень

ba yue

жнівень

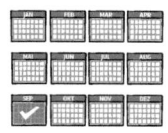

jiu yue

верасень

shi yue

кастрычнік

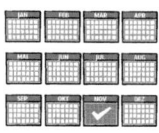

shi yi yue

лістапад

shi er yue

снежань

yuan xing

круг

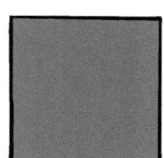

zheng fang xing

квадрат

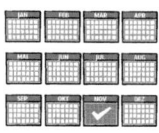

chang fang xing

прамавугольнік

san jiao xing

трохвугольнік

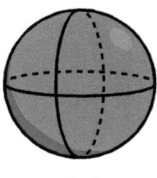

qiu ti

шар

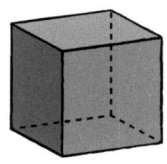

li fang ti

куб

bai

белы

huang

жоўты

cheng

аранжавы

fen

ружовы

hong

чырвоны

zi

фіялетавы

lan

сіні

lü

зялёны

zong

карычневы

hui

шэры

hei

чорны

hen duo/shao xu

шмат / мала

sheng qi/ping jing

злы / добры

mei/chou

прыгожы / брыдкі

shou/wei

пачатак / канец

da/xiao

высокі / малы

ming/an

светлы / цёмны

xiong di/jie mei

сястра / брат

gan jing/ang zang

чысты / брудны

wan zheng/que shi

поўны / няпоўны

bai tian/wan shang

дзень / ноч

si/sheng

мёртвы / жывы

kuan/zhai

шырокі / вузкі

ke shi yong/fei shi yong

ядомы / неядомы

xie e/shan liang

злы / добры

xing fen/wu liao

узбуджаны / нудны

pang/shou

тоўсты / тонкі

di yi/zui hou

першы / апошні

peng you/di ren

сябар / вораг

man/kong

поўны / пусты

ying/ruan

цвёрды / мяккі

zhong/qing

важкі / лёгкі

e/ke

голад / смага

sheng bing/jian kang

хворы / здаровы

fei fa/he fa

нелегальны / легальны

cong ming/yu ben

разумны / дурны

zuo/you

левы / правы

jin/yuan

побач / далёка

xin/jiu

новы / былы ва ўжыванні

mei you/you xie

нічога / нешта

lao/you

стары / малады

kai/guan

укл / выкл

da kai/he shang

адчынены / зачынены

an jing/chao nao

ціхі / гучны

fu/qiong

багаты / бедны

dui/cuo

правільна / няправільна

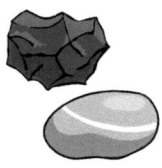

cu cao/guang hua

шурпаты / гладкі

shang xin/gao xing

сумны / шчаслівы

duan/chang

кароткі / доўгі

man/kuai

павольны / хуткі

shi/gan

вільготны / сухі

wen nuan/liang shuang

цёплы / халаднаваты

zhan zheng/he ping

вайна / мір

0

ling

нуль

1

yi

адзін

2

er

два

3

san

тры

4

si

чатыры

5

wu

пяць

6

liu

шэсць

7

qi

сем

8

ba

восем

9

jiu

дзевяць

10

shi

дзесяць

11

shi yi

адзінаццаць

12

shi er

дванаццаць

13

shi san

трынаццаць

14

shi si

чатырнаццаць

15

shi wu

пятнаццаць

16

shi liu

шаснаццаць

17

shi qi

сямнаццаць

18

shi ba

васямнаццаць

19

shi jiu

дзевятнаццаць

20

er shi

дваццаць

100

bai

сто

1.000

qian

тысяча

1.000.000

bai wan

мільён

ying yu

англійская

mei shi ying yu

англійская (Амерыка)

pu tong hua

кітайская мандарынская

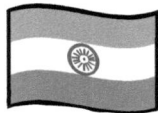

yin di yu

хіндзі

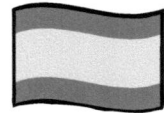

xi ban ya yu

іспанская

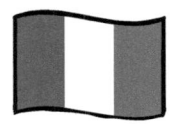

fa yu

французская

a la bo yu

арабская

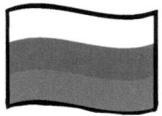

e yu

руская

pu tao ya yu

партугальская

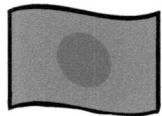

feng jia la yu

бенгальская

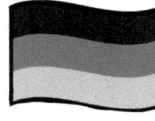

de yu

нямецкая

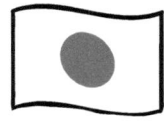

ri yu

японская

wo

я

ni

ты

ta/ta/ta

ён / яна / яно

wo men

мы

ni men

вы

ta men

яны

shei?

хто?

shen me?

што?

zen yang?

як?

na li?

дзе?

shen me shi hou?

калі?

ming zi

імя

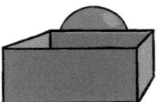

hou mian

за

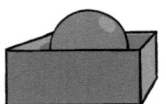

li mian

у

qian mian

перад

shang fang

над

shang mian

на

xia mian

пад

pang bian

каля

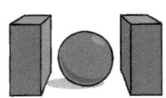

zhong jian

паміж

di dian

месца